Jack van Hyde

Notizbuch einer Irren

auch zur eigenen Verwendung

FSC
www.fsc.org
MIX
Papier aus verantwortungsvollen Quellen
Paper from responsible sources
FSC® C105338

Impressum

Herstellung und Verlag:
BoD – Books on Demand, Norderstedt
ISBN 9783732280490